W0205132

Scheiße,
ich hab den
Herd angelassen.

# SCHÖN DOOF!

Cartoons von **OLI HILBRING**

LAPPAN

Ich kann so nicht arbeiten.
Defibrillator
HILBRING

Tach! Ich möchte dich herzlich in meinem Buch begrüßen. Ich bin Oli Hilbring, ich bin in Herne groß und in Bochum dick geworden. Das allein ist keine Leistung, aber ich kann ganz gut zeichnen. Meine erste Veröffentlichung hatte ich 1992 im *Marabo* – dem Magazin fürs Ruhrgebiet. Ganz subjektiv würde ich sagen, ich bin seitdem besser und witziger geworden. Gut, „witzig" ist immer relativ, aber du kannst jetzt ganz einfach feststellen, ob wir beide ein Match in Sachen Humor haben. Nicht wischen wie bei Tinder, sondern blättern.

Viel Spaß mit *Schön Doof!*

Oli

Der Papa übt für den Segelschein.

HILBRING
FREIES
WLAN

Wir hoffen so auf eine höhere Akzeptanz.
HILBRING

Ach, die Störfälle in den ganzen Jahren kann man doch an einer Hand abzählen.
ATOMKRAFTWERK
HILBRING

Der macht beim zusammenklappen immer so komische Geräusche.
Sie müssen das Baby vorher rausnehmen.
BABY WORLD
REKLAMATION
BABY WORLD
HILBRING

... ja, Ihre Bestellung ist eingegangen ...

HANDY-SHOP
Ich brauch noch 'ne Schutzhülle, Mama.
Die hättest du vor neun Monaten gebraucht.
HILBRING

Gott, ich hatte keine andere Kerze im Haus.
HAPPY Birthday

Scheiß Altersarmut.
HILBRING

Endlich Best...
ach nee Rest Ager.
75
HILBRING

Dieses verdammte Homeoffice.
Unsere Umsätze werden bald einbrechen.
HILBRING

Das steht doch alles im Internet.
Ja, aber mit deinen dummen Kommentaren.
HILBRING

ALPHABETISIERUNG

Sagt mal von wo kommt ihr denn her?
Kaum hast du eine andere Hautfarbe kommt diese Kackfrage. Immer.
HILBRING

Autofahren hast du schon als Kind nicht vertragen.

Piep
Piep
Piep
Piep
Piep
HILBRING

Das ist 'n Hübrid.
POLIZEI
HILBRING

SUPERMARKT
P
Sie haben einen Hund?
Das ist der Kindersitz.
SUP
WIT-CH 666
HILBRING

Ich muss zum Orthopäden.
Sie haben Glück, das ist der Gelenkbus.
BOGESTRA
HILBRING

Er hat den Mund nicht aufgemacht und Sie haben seine Tabletten einfach beim Nachbarn eingeschmissen?
Ich war vorher bei DHL.
HILBRING

Sie haben einen Fremdkörper im Rektum?
Fremd? Mein Name ist Alexa.
NOTAUFNAHME
NOTA
HILBRING

Hat die Krankenkasse die Computertomografie doch genehmigt?
Nicht direkt.
HILBRING

Was fehlt Ihnen?
NOTAUFNAHME

Ja Mama,
Jochen ist
Ackerdemiker.

Auf der Brücke war kein Platz mehr.
HILBRING

Lass das Licht ruhig an
HILBRING

HILBRING
Wie lange warst du Single?

HILBRING
Ich bin jetzt mit Putzen durch.
Welche Staffel?

# AC/DC FANS BEIM ANGELN

Glaubt uns doch keiner, dass wir Angus Young getroffen haben.
Das ist der Flipper, Jens.
AC/DC
HILBRING

AC/DC

HILBRING
Wir reagieren auf die Inflation.
WER WIRD
MILLIARDÄR
WER WIRD

GASTHOF ZUR MULTIPLEN PERSÖNLICHKEIT

Heute zu Gast im Podcast: Pornostar Pinky Pink...
HILBRING

HILBRING
Guck doch mal 'ne Doku auf Netflix.
DIGITAL HOMESCHOOLING

Das wird die erste Serie mit zwei Enden.
WURST
A NETFLIX ORIGINAL
HILBRING

Einfach Sachen kaputtmachen, lernt man das auf der Hai School?
HILBRING

HILBRING
Das sind meine Vögelspinnen.

HILBRING
... der Fetisch traf mich wie ein Pfeil, Gott weiß, ich finde Hornhaut geil ...
BIMSSTEIN

DER WUNDERHEILER
Ich kann gehen!
Du bleibst schön bis zum Ende der Show, Freundchen.
HILBRING

Ei Gude, mir sin' e Cover-Band aus Rheinland-Pfalz.
SIMPLE MAINZ
HILBRING

In unserer Tribute-Band spielen übrigens nur Urologen.
URIN MAIDEN
HILBRING

Jonas, Gleichberechtigung! Schreibe bitte auch Möse und divers.
PIMMEL
HILBRING

Sie denken, Sie sind Transgender?
Hallo! Ich bin ein Stuten-Kerl!

Die Krankenkasse hat die Geschlechtsumwandlung genehmigt.
Hurra!
ZWEI NÜSSE FÜR ASCHENBRÖDEL

HILBRING
Ey, kannst du nicht lesen?
WILD PLAKATIEREN VERBOTEN

Und wo kommt euer Fleisch her?
WILD BURGER

# EIN MANN, EIN WORT UND VIELE GAGS.

**Text: Peter Hesse**
**Foto: Bodo Ballermann**

**Zu den Hausaufgaben eines Cartoonisten und Witzbildmalers gehört es, dass er seinen eigenen Zeichenstil etabliert. Bei Oli sind das Figuren mit dicken Knollennasen und Pointen, die schon mal mit der Tür direkt ins Haus fallen. „Je größer die Nase, desto lustiger der Witz“ lautet hier die Stoßrichtung des Kalauerkönigs aus Herne-Süd. Von Anfang an geht Oli immer der Nase nach und wird damit zu einem der bekanntesten Cartoonisten Deutschlands. Nur wenn Oli den Ruhrgebiets-Komödianten Jürgen von Manger in der Herner Konditorei Wiacker sieht, wird er sprachlos – so ein berühmter Mann aus dem Fernsehen. „Und dann sitzt der so einfach bei Kaffee und Kuchen am Tisch und unterhält das ganze Lokal mit ein paar Witzchen. Nicht zu fassen ...”**

Ein paar Jahre darauf entdeckt Oli AC/DC, seine große musikalische Liebe – sein erstes Konzert von Angus Young & Co. besucht er im Alter von 14 Jahren. Und natürlich werden Comics seine große Leidenschaft. Nach Asterix und Walter Moers begeistert er sich vor allem für den spitz knackenden Mad-Heft-Humor und die ungezügelte Ironie von Gary Larson. Mit 16 wird Oli Schaufensterdekorateur bei Horten in Witten, doch eine wirkliche Berufung ist dieser Job nicht – eher eine Zweckgemeinschaft. Seine Leidenschaft ist das Zeichnen, schon als Grundschüler hat er alles vollgekritzelt. Wenn kein Papier da war, wurde zur Not ein schnelles Männchen auf den Schultisch gescribbelt.

Der Startschuss zum professionellen Zeichnen fällt bei Oli vor drei Jahrzehnten. Im Jahr 1992 veröffentlicht Monsieur Hilbring seinen ersten Cartoon beim Ruhrgebietsmagazin Marabo. Doch diesen Posten verlor er bereits drei Ausgaben später an den Essener Zeichner Jamiri. Einen dieser One-Pager für das Kultur-Heftchen bekommt er fast 30 Jahre später auf der Buchmesse in Leipzig unter die Nase gehalten. Eine Frau hat ihn gerahmt, und zwischen Herd und Kühlschrank hat diese Zeichnung in ihrer Wohnung ganze drei Einbauküchen überlebt.

**Mittlerweile kombiniert unser Klamauk-Knatterton tagtäglich brauchbare Ideen.**

Manche seiner Einfälle zünden sofort, manche behält er erst mal zurück. Landen seine Zeichnungen auch schon mal im Papierkorb? „Ich habe eine Kiste, wo ich diverse Ideen sammle", sagt Oli und ergänzt: „Die ist randvoll – da ist sicherlich ganz viel Schrott drin. Ich habe im Kopf meist eine klare Grundidee von einem Gag – und wie man diese dann umsetzen kann. Es gibt viele Cartoons von mir, die ich heute nicht mehr leiden kann – weil die zu platt sind oder mir ihre Aussage inzwischen zu blöd ist. Aber ich würde schon sagen, dass ich relativ zielgerichtet arbeite."

Zeichnen ist Hexerei. Oder die Momentaufnahme einer Sachlage verteilt auf zwei Personen mit ein bis zwei Sprechblasen. Was beim Berliner Krapfen die Marmelade ist, ist bei Oli der Humor. „Ein Cartoon", so sagt er, „ist das Verdichten einer Situation. Meistens erklärst du etwas, kurz bevor ein Malheur passiert – oder kurz danach. Denn oftmals ist das ein Wechselspiel zwischen Aktion und Reaktion. Am Anfang meiner Karriere, habe ich immer sehr lange Texte in die Sprechblasen geschrieben, weil ich versucht habe, den Witz zu erklären – oder vorzubereiten. Mit den Jahren habe ich gelernt, die jeweilige Situation auf ein Minimum zu reduzieren."

Weniger ist mehr, so lautet eine Binsenweisheit. Seine Gags funktionieren ganz lässig: Was ist das Lieblings-Kartenspiel der Chinesen? Mao Mao. Die Deckenlampe bei Ikea ist rosa und nennt sich Hängetitte. Diese Art von Klamauk entsteht bei Oli Hilbring aus einem Mischverhältnis von Leichtigkeit und Jux, Ironie und Sarkasmus sowie Muße und im schlimmsten Falle Zeitdruck: „Es gibt schon mal Geistesblitze, klar. Aber meist kreist du mit deinen Gedanken ein Thema ein und denkst dann länger darüber nach."

Bei der Inszenierung von Humor ist alles eine Frage des Blickwinkels: „Wenn du Cartoons machst, checkst du die jeweilige Sachlage anders. Du läufst mit einer anderen Sicht durch das Leben und versuchst, das Erlebte in eine Zeichnung münden zu lassen." Die Ergebnisse sind dann so wie die vom SC Paderborn an anderer Stelle: „Manchmal fühlt man sich direkt auf der Gewinnerstraße, manchmal aber auch nicht." Im Fußball gehören Olis Cartoons längst zum guten Ton: Ob Felix Magath auf Schalke oder bei Hertha BSC, der Becherwurf des VfL Bochum oder die löchrige Abwehr des BVB – mit einer tragfähigen Idee landet das große Ganze schnell auf dem Papier.

Treue Fans hat er natürlich auch – sogar Ex-Fußballer wie Ansgar Brinkmann oder Bernhard Dietz gehören dazu. Außerdem sind seine großnasigen Figuren schon in der ARD Sportschau, auf RTL, in zahlreichen Zeitungen und bei der Fußballshow von Arnd Zeigler aufgetaucht. Das alles klingt in Summe nach viel Schweiß und Extraschichten am Schreibtisch. „Gut, wenn du eine Familie hast, die dich auch als Witzbold voll akzeptiert" so Oli. Die Familie ist die Tankstelle der Seele, das sagte mal der große Dieter Thomas Heck. Oli ist Familienmensch, das merkt man vor allem bei seinen Lesungen – dort stehen sein Sohn und seine Tochter schon mal zusammen am Merchandising-Stand, und seine Schwester holt noch schnell die Mutter ab, schließlich ist der „Mutterwitz" die Grundvoraussetzung für seine Cartoon-Show.

Wie funktioniert das alles – ein Leben mit Job, Family, Trimm-dich-Fahrrad, Fußball-Übertragungen und Gags? „Hinter jedem Witzbildmaler steht eine starke Frau – und die ist am besten nicht mit einem Nudelholz bewaffnet. Will heißen, das schafft man nicht allein, sondern nur mit Liebe, einer wundervollen Frau, drei großartigen Kindern und zwei Hunden, die dafür sorgen, dass man öfter mal spazieren geht" und dabei hält der kluge Cartoonist, auf der Suche nach neuen Gags, natürlich die Augen auf.

Sieht aus wie ein Anal-Toy nennt sich aber Senklot.
LEHRBAUHOF
HILBRING

Ich mach heute Homeoffice.
PATHOLOGIE
HILBRING

HILBRING
Alle reiten auf mir rum.

Happy Meal?
HILBRING

Eine Nabelschnur?!
Ich fand die Idee ganz witzig.
NEUERÖFFNUNG
BABY MARKT
BABY MARKT
HILBRING

HILBRING
Ich dachte, wenn zur Einschulung noch Maskenpflicht besteht.

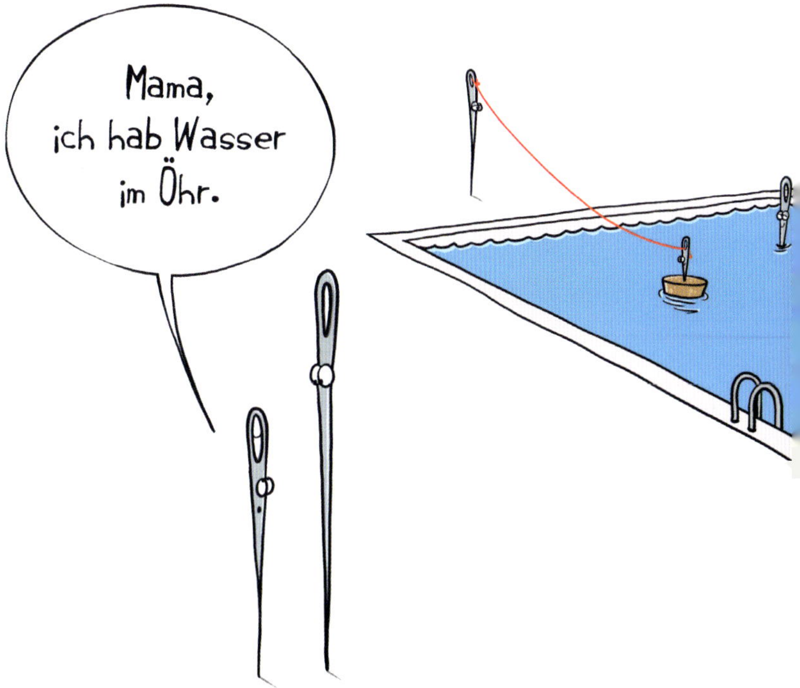
Mama, ich hab Wasser im Öhr.

HILBRING
Oh schön, der Drive In hat noch geöffnet.
HH
BERLIN
P
UNTERWEGS MIT HANNIBAL LECTER

Sushi?
Nö, Uschi!
HILBRING
ZU GAST BEI HANNIBAL LECTER

Name?
STARBUCKS
COFFEE
HILBRING

Pippilotta Viktualia Rollgardina Pfefferminz Efraimstochter Langstrumpf?
Ich mag es nicht wenn nur Pippi auf dem Becher steht.
COFFEE
HILBRING

In welchem Format drucke ich die Speisekarte?
Dinner 4
HILBRING

Hier essen oder mitnehmen?
Witzbold.
HILBRING

HILBRING
Geschüttelt, nicht gerührt.
POPCORN
1
BOND IM KINO

DER SPION DER SICH LIEBTE

HILBRING
Guck mal Sohnemann, alte Tweets von mir.

HILBRING
Wir verleihen gratis Schmuck an Influencer.
SCHMAROTZKI

Ich hab mir eine Matratze gekauft. Hat mich ein Vermögen gekostet.
Halt die Fresse!
E
B
HilBRiNG

Endlich mein eigenes Wohnmobil.
HILBRING

Was machen
Sie beruflich?
Reiseblogger.
HILBRING

Gott sei Dank.
CARPE DIEM
HILBRING

Achtung: Autobiografischer Witz, der Zeichner leidet seit seiner Kindheit darunter …

Hans, der Radiologe ist doch im ersten Stock.
PFANDAUTOMAT
HILBRING

Gluten, Histamin oder Laktose?
Sie sind nur intolerant.
HILBRING

Die Ballons sind nur Deko.
VIAGRA
VIAGRA
HILBRING

Eine vor jeder Mahlzeit.
Acht Tabletten am Tag?!
HILBRING

Ich bin jetzt Frutarierin.
Das passt ja ausgezeichnet zu deiner Orangenhaut.
HILBRING

Single NIGHT
Und, habt ihr schon Gemeinsamkeiten entdeckt?
Bisher nur die kleinen Brüste.
HILBRING

Wie du machst beruflich Tierpuzzle?
Naja, ich bin Metzger.
HILBRING

Fuck!
Ach ja,
die Barhockersitze
sind in der Polsterei.
HILBRING

Und dein Kumpel ist Volljurist?
Jau.
HILBRING

Du arbeitest bei der C.I.A.?
C&A
HILBRING

Die Miete ist absurd günstig, wo ist der Haken?
Der Mieter unter ihnen hat ein großes Haustier.
HILBRING

HILBRING
Betrugsdezernat, wir haben gehört, sie legen hier Leute rein?

DIE ANFÄNGE AUF DER STRASSE ...

DR.DREH

GANGSTA-RAP BEGINNT AUF DER STRAßE

P
Doch Papa, ich hab hier einen tollen Job.
HILBRING

Stehen Sie auf dem Besucherparkplatz?
EMPFANG
HILBRING

Das ist unsere Sonderausstellung mit den größten Porno-Stars.
Madame Tussauds
WICHSFIGUREN
HILBRING

NEUERÖFFNUNG ...
GEMÖSE
VEGANE-SEXSPIELZEUGE
HILBRING

Ok, wer weiß, wie man sich bei einem Gewitter richtig verhält?
HILBRING

HILBRING

**Und? Sind wir ein Match?**
**Danke fürs Blättern, arrivescherzi und bis die Tage.**
**Glück auf und bleib so wo du bist.**

**Oli**

**Für Ingrid, Lea, Lenny, Marlon, Milly und Amy**

Wir produzieren nachhaltig
• Klimaneutrales Produkt
• Papiere aus nachhaltigen und kontrollierten Quellen
• Hergestellt in Europa

FSC www.fsc.org
MIX
Papier aus verantwortungsvollen Quellen
FSC® C002795

1. Auflage 2022

- Originalausgabe –

© 2022 Lappan Verlag in der Carlsen Verlag GmbH,
Oldenburg / Hamburg

ISBN 978-3-8303-3649-5

Alle Rechte vorbehalten. Das Werk darf – auch teilweise – nur mit Genehmigung des Verlags wiedergegeben werden.

Texte & Cartoons von: Oliver Hilbring

Text „Ein Mann, ein Wort und viele Gags“: Peter Hesse

Lektorat: Jana Legal
Herstellung: Ralf Wagner
Covergestaltung: Monika Swirski

FOLGT UNS! facebook.com/lappanverlag
Instagram.com/lappanverlag
www.lappan.de

# NOCH MEHR HUMOR VON UND MIT OLI HILBRING GIBT ES HIER:

... UND AUF LAPPAN.DE